# CÓMO HACER DINERO

Tres lecciones sobre las leyes
del éxito financiero

B. F. AUSTIN

# CÓMO HACER DINERO

## Tres lecciones sobre las leyes del éxito financiero

EDICIONES OBELISCO

**Colección Éxito**
Cómo hacer dinero. Tres lecciones sobre las leyes del éxito financiero
*B. F. Austin*

1.ª edición: mayo de 2026

Título original: *How to Make Money. Tree Lectures on «The Laws of Financial Succes»*

Traducción: *Juli Peradejordi*
Corrección: *Ediciones Obelisco*



Edita: Ediciones Obelisco, S. L.
Collita, 23-25. Pol. Ind. Molí de la Bastida
08191 Rubí - Barcelona - España
Tel. 93 309 85 253
E-mail: info@edicionesobelisco.com

ISBN: 978-84-1172-399-2
DL B 5274-2026

Impreso en los talleres gráficos de Romanyà/Valls S. A.
Verdaguer, 1 - 08786 Capellades - Barcelona

*Printed in Spain*

# PRÓLOGO

## *La prosperidad no es un accidente: es una consecuencia*

Un libro titulado *Cómo hacer dinero* siempre corre el riesgo de malinterpretarse. El lector apresurado podría suponer que se trata de una mera colección de trucos, atajos o fórmulas rápidas destinadas a inflar una cuenta bancaria. Sin embargo, el verdadero propósito de una obra como ésta no es enseñar a «perseguir» el dinero, sino comprender el mecanismo interno que permite generarlo. El dinero no es un fin: es un efecto. Y todo efecto tiene una causa.

Desde tiempos remotos, la humanidad ha intentado descifrar la relación entre pensamiento, acción y prosperidad. Algunos lo han hecho desde la economía, otros desde la psicología, y otros desde territorios más sutiles: la filosofía, la ética o incluso la mística. El resultado es un conjunto de enseñanzas que, aunque expresadas con lenguajes distintos, convergen en una idea común: la riqueza exterior es reflejo de la arquitectura interior de la persona. Quien se aproxima a estas páginas buscando fórmulas instantáneas probablemente se sentirá desconcertado. No encontrará recetas milagrosas ni promesas de fortuna inmediata. Lo que hallará es algo más exigente y, por ello mismo, más valioso: la invitación a reorganizar su manera de pensar. Porque la riqueza –como cualquier otro fenómeno humano– comienza en el terreno invisible de las ideas. Antes de convertirse en números, contratos o bienes, es una imagen mental sostenida con convicción.

El dinero es, en esencia, una herramienta de intercambio. No posee voluntad propia ni moral intrínseca. Es neutro. Su significado depende de la conciencia de quien lo utiliza. En manos de alguien dominado por el miedo, se convierte en ansiedad; en manos de alguien dominado por la codicia, en obsesión; pero en manos de quien comprende su naturaleza, se transforma en un instrumento de creación, libertad y servicio al prójimo. El problema nunca ha sido el dinero, sino la relación psicológica que se establece con él.

Durante décadas, distintas corrientes de pensamiento han insistido en un principio que aquí se recupera con claridad: el pensamiento sostenido tiende a materializarse. No porque el universo responda a caprichos, sino porque la mente dirige la conducta, y la conducta repetida construye resultados. Una idea clara orienta decisiones; decisiones repetidas generan hábitos; y los hábitos, mantenidos en el tiempo, configuran destinos. La prosperidad no es un accidente: es una consecuencia.

Pero conviene hacer una distinción crucial. Pensar en riqueza no equivale a fantasear. Fantasear es evadirse; pensar con propósito es diseñar. El primero es un ejercicio pasivo, el segundo es un acto creativo. La diferencia entre ambos define la frontera entre la ilusión estéril y la intención productiva. Quien imagina sin actuar se entretiene; quien imagina y actúa construye. Este libro se inscribe en la segunda categoría.

Existe además un componente ético que rara vez se menciona con suficiente claridad. El dinero obtenido sin integridad genera inquietud; el dinero obtenido mediante valor genera estabilidad. Cuando la riqueza nace de aportar algo útil al mundo, se sostiene; cuando nace del engaño, se erosiona. La economía personal, como la arquitectura, necesita cimientos firmes. Sin ellos, cualquier edificio cae por su propio peso.

A lo largo de la historia, numerosos pensadores han señalado que la mente humana opera como un filtro. Percibe aquello para lo que está preparada. Si alguien se considera incapaz, verá obstáculos; si se considera competente, verá oportunidades. No es una metáfora optimista, sino un fenómeno psicológico comprobable: la atención selectiva. Aquello en lo que se enfoca la mente se amplifica en la experiencia cotidiana. Por eso, cultivar una visión clara no es ingenuidad, sino estrategia.

Ahora bien, hablar de dinero también implica hablar de responsabilidad. Ganar recursos no es la meta al final del camino, sino el inicio de otro más complejo: su administración. La riqueza mal gestionada se disipa con la misma rapidez con la que llega. Saber generar ingresos es una habilidad; saber conservarlos y dirigirlos es otra distinta. Este libro no propone únicamente la acumulación, sino la comprensión del flujo: su entrada, uso y reinversión. El dinero que se estanca se debilita; el que circula con inteligencia se multiplica.

Hay, además, un aspecto menos tangible pero igualmente decisivo: la relación emocional con la abundancia. Muchas personas desean prosperar y, sin embargo, mantienen creencias internas que sabotean ese deseo. Culpa, miedo, desconfianza o la idea inconsciente de que «no lo merecen» actúan como frenos invisibles. La transformación económica requiere, en muchos casos, una revisión profunda de estas narrativas internas. No basta con aprender técnicas externas si la mente continúa operando bajo una programación de escasez.

La prosperidad auténtica no se limita a cifras. Incluye tiempo, libertad de elección, serenidad y capacidad de contribuir. Una fortuna que exige ansiedad constante no es riqueza: es dependencia disfrazada. Por ello, el propósito de estas páginas no es únicamente enseñar a ganar más, sino a entender para qué se gana. La pregunta fundamental no es «¿cuánto dinero quiero?», sino «¿qué tipo de vida deseo construir?». El dinero es un medio; la vida es el fin.

Resulta revelador observar que quienes han alcanzado estabilidad financiera duradera comparten rasgos comunes: disciplina, claridad de objetivos, perseverancia y una visión a largo plazo. Ninguno de estos elementos es secreto ni exclusivo: antes bien, todos pueden cultivarse. El verdadero misterio no es cómo se hace el dinero, sino por qué tantos renuncian a desarrollar las cualidades necesarias para generarlo. La respuesta suele ser simple y contundente: impaciencia.

Este libro propone una reconciliación entre razón y propósito. Invita a abandonar la idea de que la riqueza es fruto del azar o del privilegio exclusivo. Sin negar las circunstancias externas –que existen y pesan– sostiene que el margen de acción personal es mucho mayor de lo que suele creerse. Cada decisión cotidiana, por pequeña que parezca, orienta la trayectoria. El futuro financiero no se define en un único momento, sino en la suma de elecciones diarias.

También es necesario desmontar un mito persistente: el conflicto entre espiritualidad y dinero. No hay contradicción intrínseca entre ambos. La contradicción surge cuando el dinero se convierte en fin absoluto y desplaza cualquier otro valor. Integrado con equilibrio, puede ser una herramienta para el desarrollo personal y colectivo. Rechazarlo por prejuicio es tan limitante como idolatrarlo por obsesión. El equilibrio no es tibieza: es lucidez.

Quien avance por estas páginas descubrirá que el dinero no responde únicamente a operaciones matemáticas, sino a patrones de pensamiento, hábitos de conducta y claridad de intención. Comprender esto no garantiza resultados inmediatos, pero sí transforma la relación con el proceso. Y cuando cambia la relación, cambian las decisiones. Y cuando cambian las decisiones, cambia inevitablemente el resultado.

Así, este libro no pretende ofrecer promesas grandilocuentes ni fórmulas mágicas. Su ambición es más profunda y, paradójicamente, más realista: proporcionar un marco de comprensión. Entender precede a transformar. Antes de aspirar a la abundancia exterior, es necesario ordenar la arquitectura interior. El dinero no se persigue: se genera. No se mendiga: se construye. No se teme: se comprende.

En última instancia, hacer dinero es una consecuencia de hacer algo bien, de hacerlo con constancia y de sostener una visión clara mientras se atraviesan dificultades inevitables. No se trata de eliminar los obstáculos, sino de adquirir la capacidad de atravesarlos sin perder dirección. La prosperidad duradera no es un golpe de suerte, sino una obra de ingeniería personal.

Y ése es, en esencia, el espíritu de estas páginas: recordar que la riqueza no comienza en la cartera, sino en la mente; no se consolida en la cuenta bancaria, sino en el carácter; y no se justifica por lo que acumula, sino por lo que permite crear. El dinero, entendido así, deja de ser un fin obsesivo para convertirse en una herramienta consciente. Cuando eso ocurre, la pregunta ya no es «cómo hacer dinero», sino «qué hacer con él cuando llega».

El editor

# EL PROPÓSITO DE LAS LECCIONES

El propósito de estas lecciones es elevar el tono de las vibraciones mentales y espirituales del estudiante para inspirar esperanza, fe y valentía; despertar más amplitud de mente, suscitar planes y propósitos más elevados y activar la energía latente de la vida; encender el entusiasmo y activar talentos ocultos que el estudiante, posiblemente, ni siquiera cree poseer en su actual etapa de desarrollo.

En resumen, nuestro propósito es despertar a los hombres de su letargo mental, mostrar los recursos ilimitados de la naturaleza humana, las puertas invisibles pero abiertas, en primer lugar, hacia la riqueza mental y, como consecuencia natural, hacia la riqueza en las condiciones materiales; y así ensanchar y ennoblecer la vida, además de aumentar sus expresiones materiales.

El propósito del verdadero maestro, que es siempre también el del verdadero médico, debe ser en todo momento llegar a esa «vida más abundante» de la que habló y enseñó el Nazareno.

Revelar esa vida –esa vida abundante– en toda su plenitud y belleza, y señalar las leyes por las cuales se alcanza, con la riqueza como consecuencia natural, es el propósito de las tres lecciones en las que estamos a punto de adentrarnos.

## UNA PROFECÍA QUE BROTA DE ESTAS LECCIONES

Las profecías basadas en la observación y la experiencia, así como en el conocimiento de la ley natural, son extraordinariamente instructivas y valiosas. Predecimos con la mayor confianza que todo estudiante de estas lecciones, después de leerlas y especialmente tras leerlas de nuevo y estudiarlas a fondo, contará con un mayor caudal de información en relación al éxito en la vida, esperanzas más luminosas, más entusiasmo, más «ímpetu», «empuje» y «determinación» en los negocios, y abordará la obra de su vida con una sabiduría más amplia y una energía tan intensa que, a partir de entonces, su vida se volverá en todos los aspectos más exitosa y lo conducirá a una libertad mayor, a una felicidad y un poder superiores y a recursos financieros más abundantes.

En resumen, nadie puede aplicar las enseñanzas de estas lecciones sin que su vida se vuelva más amplia, más noble y más pura, y más gozosa en la posesión de riqueza mental y material. Y la vida que reciba y ponga en práctica estas enseñanzas se convertirá en un arroyo fecundante en medio del desierto, que lo hará brotar y florecer como a una rosa.

## LAS RAZONES DE ESTA PROFECÍA

Con absoluta confianza emito esta profecía, porque no os daré teorías que podrían haber sido hiladas a partir de la imaginación de un poeta o novelista, ni de un filósofo soñador recluido en la soledad de su estudio, ni de algún escritor profesional que cobrara por página sus ideas, sino a partir de los resultados reales de la experiencia humana y el estudio de las leyes de la naturaleza, así como, en especial, de las leyes de la ganancia financiera. Os daré «el núcleo» de las mejores enseñanzas de una veintena de nuestros psicólogos y autores del Nuevo Pensamiento más capaces, presentadas sintéticamente. Y os aportaré el testimonio personal de quienes han pasado de la pobreza a la riqueza gracias al descubrimiento de las leyes del éxito financiero y a su aplicación en la vida. Los principios aquí expuestos han sido probados una y otra vez en el laboratorio de las experiencias de la vida y se han revelado correctos y practicables.

Además, yo mismo los he comprobado, y explico estos principios y demuestro su valor en mi propia vida.

Otra razón por la que predecimos con la mayor confianza el éxito a los estudiantes de este curso es el hecho de que las enseñanzas son racionales, pues están en armonía con la vida y la experiencia humana, y se basan en leyes que hoy son conocidas y se reconocen como rectoras de la acumulación de riqueza. No hay en ellas ningún encanto místico, ningún milagro implicado, nada del orden de los «remedios baratos». Nuestro método es simplemente la razón ampliada y puesta a trabajar, la energía despertada y activa, las leyes descubiertas y seguidas hasta sus últimas consecuencias, con un único e inevitable resultado: un carácter ensanchado y ennoblecido, y riqueza mental y material.

## NO SE REQUIERE NINGÚN DON ESPECIAL PARA GANAR DINERO

El camino hacia la solvencia, si no hacia la riqueza, está abierto a todo hombre de cuerpo y mente sanos que estudie y aplique estas leyes. El hecho de que las grandes riquezas pertenezcan a unos pocos, y de que algunos hombres parezcan tropezar sin querer con la riqueza mientras otros la buscan en vano durante toda una vida, generalmente sin conocimiento de la ley ni aplicación de la misma en su existencia, ha llevado a algunos a suponer que se necesita un don especial de la naturaleza para alcanzar la riqueza.

Sin duda, unos pocos hombres, sin un conocimiento teórico de la ley, la han aplicado en sus vidas; y, sin duda también, algunos parecen llegar a la riqueza por «casualidad» o «suerte». Sin embargo, en un universo regido por leyes no existe realmente tal cosa como el azar, y la gran mayoría de los hombres que han alcanzado la riqueza han llegado a conocer la ley y a aplicarla en sus propias vidas, ya sea por su propia mentalidad, por la enseñanza de otros o por inspiración.

Todo hombre de mente y cuerpo sanos, repito, puede convertirse en dueño de las condiciones de su vida en lugar de ser esclavo de ellas, como lo son las multitudes. Existe un sendero que va de la pobreza a la riqueza, de la oscuridad a la fama, de la debilidad a la fuerza, de la condición servil y mezquina de la mente y de la vida, a la realeza en la mente y en la hacienda.

La puerta de la oportunidad permanece abierta o, cuando menos, sin cerrojo.

## LA NATURALEZA TIENE PLANEADA ABUNDANCIA PARA TODOS

Otra consideración introductoria digna de atención es el hecho de que el plan evidente de Dios, tal como se revela en la naturaleza, es la abundancia para todos. La pobreza no forma parte del plan de la naturaleza, sino todo lo contrario: la naturaleza ha dispuesto abundancia para todos. Su provisión para las necesidades del hombre no cubre sólo lo indispensable, antes bien, la sobreabundancia es la ley de la beneficencia de la naturaleza. Atribuir la enfermedad, la pobreza y el sufrimiento al designio de Dios fue, en efecto, parte de la antigua teología, hoy prácticamente extinguida y sustituida por la nueva teología, que remite todos estos males a la ignorancia y al desprecio de la ley.

Como hijos de Dios heredamos no sólo el derecho a la vida, sino a todo aquello que hace que la vida valga la pena. Pero toda vida está «encerrada, constreñida, confinada» por la pobreza. De hecho, la libertad, el poder, la felicidad, la educación, la cultura, los viajes, los libros, el arte, la música, el disfrute –las cosas que hacen que la vida merezca ser vivida– son realmente imposibles sin riqueza. A causa de la pobreza, no sólo nuestra propia vida queda privada de su plena y feliz expresión, sino que el servicio del hombre a sus semejantes también se ve limitado en todos los sentidos. Hombres que poseen en su propia mente grandes verdades capaces de instruir e inspirar a la multitud, o grandes planes para reformar nuestro deplorable sistema social y económico, o elevados propósitos de caridad hacia los necesitados, o grandes reformas que desearían ver realizadas, se encuentran trabados y obstaculizados en toda su noble labor por la «falta de fondos».

Es triste decirlo, pero el mundo valora a un hombre no tanto por su conocimiento o su carácter como por el volumen de su cuenta bancaria. No hace mucho, un conferenciante afirmó en mi presencia –y fue aplaudido por ello– que no sentía respeto alguno por quien no dispusiera de una cuenta bancaria considerable.

Por duro que esto pueda parecer, mostraremos que hay al menos una pequeña medida de justicia en ello, al señalar que la pobreza es esencialmente una enfermedad mental y que, desde el punto de vista mismo del carácter, en esta era de oportunidades doradas no es ningún mérito para un hombre ser pobre.

## NUESTROS DESEOS SON PROFECÍAS Y REVELAN LA POSIBILIDAD DE RIQUEZA

Todos los estudiosos de la naturaleza y del ser humano coinciden en que la presencia de un deseo en el alma por algún bien –ya sea real o supuesto– constituye una profecía natural: la prueba de que existe, en algún ámbito de la naturaleza, una fuente capaz de satisfacerlo. Si, entonces, el estudiante cree en un Dios personal como artífice de todas las cosas, ¿puede razonablemente pensar que ese Dios quiso burlarse de nosotros sembrando en el corazón deseos condenados a no cumplirse jamás? Si así fuera, esos deseos sembrados en nosotros, como declara acertadamente Helen Wilmans, serían simplemente «pagarés de un banco en quiebra».

Además, si estos deseos de riqueza no fueran auténticas profecías, el ser humano estaría condenado, a medida que avanza desde la barbarie hacia la civilización, a una miseria y un sufrimiento cada vez mayores, pues los deseos no sólo se multiplican, sino que se intensifican conforme progresa por el sendero ascendente de la evolución. Todos los estudios de la naturaleza y del alma humana, por tanto, conducen a una misma conclusión: la vida del hombre está llamada a gozar de abundancia en los bienes temporales. En definitiva, el hombre ha de gobernar sus condiciones y no vivir sometido a ellas.

Vamos aún más lejos y afirmamos, sin vacilación alguna, que…

## EL DEBER DE TODO HOMBRE ES GANAR TODO EL DINERO QUE PUEDA HONRADAMENTE

A primera vista podría parecer que los herederos de grandes fortunas –quienes no necesitan más dinero y no sienten inclinación alguna por los negocios ni por el trabajo– estarían exentos de la obligación de ganarlo. Sin embargo, no es así. Todo hombre que disfruta de los beneficios de nuestra civilización, que se alimenta de lo que otros cultivan, que viste prendas confeccionadas por el trabajo ajeno y que goza de la protección que se ofrece a todos, contrae una deuda personal con el mundo. Por abultada que sea su cuenta bancaria y extensas que sean sus propiedades, no es más que un «pobre refinado» si no contribuye de algún modo a incrementar la riqueza común.

Y ningún hombre posee riqueza suficiente no sólo para satisfacer plenamente sus propias necesidades, sino también para responder a las demandas de todo un mundo enfermo, doliente y afligido, ni para concebir y llevar a cabo las grandes reformas vivas de nuestra época.

El hombre debe exigirse a sí mismo, a la sociedad y a su Dios, abundancia de bienes temporales. El caudal de la abundancia ha de fluir con fuerza creciente hacia su vida, y el caudal de la beneficencia debe manar con igual libertad desde su corazón y su acción, para atender las necesidades más elevadas de la humanidad. «Recibid gratuitamente, dad gratuitamente». La vida ideal es aquella en la que se asegura un ingreso amplio y digno, y en la que el hombre, en la realeza y generosidad de su naturaleza, da como un rey.

Ninguna vida puede alcanzar su máximo grado de gozo, de poder y de utilidad sin riqueza.

## ¿EXISTE UN GRAN PELIGRO EN ADQUIRIR RIQUEZA?

Sin duda existe ese peligro, pero mayores aún son los peligros que entraña la carencia de riqueza. El gran riesgo al adquirir dinero y al poseerlo es convertirse en esclavo del oro. Ésta es una de las formas más viles de servidumbre y, quizá, ninguna otra modalidad de idolatría embota con tanta eficacia las cualidades más altas y divinas del ser humano como la avaricia. El avaro es, entre todos los caracteres, el más despreciado, y encarna con exactitud la verdad del viejo proverbio: «El dinero es un buen siervo, pero un mal amo». Ningún otro temperamento revela una necedad tan irracional ni merece con mayor justicia el reproche de «necio».

La única salvaguarda en la adquisición de la riqueza reside en el cultivo constante e ininterrumpido de las simpatías humanas y en el ejercicio consciente de la benevolencia. Sin ello, la obtención de dinero suele ir acompañada de un progresivo endurecimiento de la naturaleza moral y de un amor creciente al dinero, ya sea como medio para fines egoístas o como fin en sí mismo, hasta desembocar en la avaricia y en la miserable condición del avaro. Resulta fácil comprender cómo la estricta economía que muchos se ven obligados a practicar al ascender de la pobreza a la riqueza, unida al hábito mental de orientarse de manera continua hacia la ganancia material, puede, con el paso de los años, transformar profundamente el carácter. Así, hombres que iniciaron su vida con la ambición de adquirir una fortuna para la elevación de la humanidad descubren, al alcanzarla, que han perdido todo impulso benevolente.

Ésta es una calamidad indecible para las multitudes de hombres que quedan esclavizados no por el dinero en sí, sino por el amor al dinero, y que pierden la oportunidad más grandiosa que ofrece la posesión de la riqueza: el privilegio de emplearla para enriquecerse a sí mismos y a sus semejantes con ese caudal siempre creciente de conocimiento, felicidad y virtud que constituyen las verdaderas riquezas del alma.

Mil veces mejor es para un hombre vivir y morir bajo las desventajas, limitaciones y penurias de la pobreza, conservando intacto en su corazón el espíritu de fraternidad y humanidad, que alcanzar la riqueza de Creso y contraer el alma hasta la pequeñez, la mezquindad y la miseria del avaro.

Una prueba clara de la actitud de nuestra propia alma frente al dinero, y una indicación bastante fiel de cómo usaríamos una gran fortuna si llegara a nuestras manos, puede obtenerse respondiendo con honestidad a una pregunta sencilla: ¿cómo estamos utilizando hoy la riqueza que poseemos? ¿Cuánto hemos destinado, durante el último año, a fines puramente benéficos?

El hombre debe reconocer siempre su propia realeza y exigir del mundo un ingreso generoso. Y es su responsabilidad eliminar todos los obstáculos, tanto interiores como exteriores, que puedan impedir que la gran corriente de la opulencia de la naturaleza fluya abundantemente hacia su vida. Hecho esto, debe vivir como un rey y mostrarse tan generoso como un rey con sus semejantes.

## BUSCAMOS INTENSIFICAR TUS DESEOS DE RIQUEZA

En lugar de fomentar la resignación ante la pobreza, proclamamos el evangelio del descontento. Buscamos avivar el deseo de riqueza e intensificar el amor, no el dinero en sí, sino las cosas valiosas de la vida que el dinero hace posibles. Es una grave tergiversación de la vida y de toda religión auténtica negar, por un lado, las enormes ventajas del dinero, o, por otro lado, el derecho y el deber de todo ser humano de poseerlo y utilizarlo en la mayor medida acorde con el honor y la justicia. Los deseos inherentes a la naturaleza humana, las exigencias que impone el mundo moderno en el marco de una civilización compleja, y la ley de la opulencia visible en toda la naturaleza demuestran que el hombre está llamado a ser dueño de sus condiciones y a acumular riqueza.

**LECCIÓN 1**

# LA CONSTRUCCIÓN DEL CARÁCTER

Nuestra primera lección es introductoria y tiene como finalidad ofrecer al estudiante el punto de vista correcto sobre el tema general, permitirle ver con claridad la relación entre el carácter y los logros en la vida, y allanar un poco el terreno para las reglas e instrucciones prácticas que seguirán.

Nuestra primera norma, pues, y una de las más importantes de todas, es ésta:

## CONSTRÚYETE A TI MISMO

El estudiante de estas lecciones muy probablemente interpondrá esta objeción: «Esperaba recibir instrucciones prácticas para ganar dinero y, en cambio, nuestro maestro me ofrece enseñanzas teóricas sobre la construcción del carácter».

Y ello por una razón fundamental: ganar dinero, conservarlo y usarlo correctamente depende todo del carácter. Nada puede afectar de manera más directa a los intereses materiales de un estudiante que la edificación de un carácter fuerte, progresivo, valiente y decidido. Todo éxito real en la vida, en cualquiera de los ámbitos del esfuerzo humano, se basa en esto. Los hombres conquistan las condiciones materiales conquistándose primero a sí mismos. Se enriquecen en bienes mundanos al enriquecerse en poder intelectual, en fe, esperanza y valentía, y en las facultades creadoras de la mente.

La vida exterior es reflejo de la vida interior, y ningún hombre puede llegar a ser dueño del ámbito físico si no gobierna antes su reino interior. Nadie está preparado para crear riqueza, conservarla o usarla con sabiduría si vive en la pobreza mental, en la debilidad moral o bajo un espíritu cobarde.

El Gran Maestro de Nazaret conocía el orden en que la felicidad, la armonía, la salud y la riqueza –en suma, todo bien exterior– llegan a la vida, y lo expresó perfectamente al decir: «Buscad primero el Reino que está dentro de vosotros, y todas estas cosas os serán añadidas».

Multitudes de hombres desean resultados sin asumir el trabajo de aportar la causa eficiente. Pero los resultados no nacen del mero deseo: las cosechas no llegan sin el sudor del trabajador ni sin la siembra de la semilla.

Todas las mayores bendiciones de la vida y nuestros logros más poderosos son fruto del pensar correcto, del sentir correcto y del querer correcto. Hasta que un hombre no adquiere una concepción justa del sentido de la vida y de los poderes del alma humana; hasta que su naturaleza no arde en el deseo de hacer, atreverse y vencer; hasta que su voluntad no se fortalece mediante el ejercicio y no alcanza una valentía y perseverancia indomables, está pobremente equipado tanto para alcanzar la riqueza como para emplearla con rectitud. Vale la pena, por tanto, que el estudiante examine cuidadosamente la relación entre el carácter fuerte y los grandes logros.

La mayoría de las personas necesitan realizar una cuidadosa labor de limpieza en el jardín de su mente: arrancar muchas ideas heredadas y tradicionales de épocas pasadas, liberar la mentalidad del miedo, la preocupación y la duda, y plantar en su lugar las semillas de la fe en sí mismas, en la naturaleza, en la ley de la opulencia, así como fe en sus propios derechos; y también desarrollar valentía, esperanza, ambición y paciencia, hasta que por fin se hayan reconstruido mental y espiritualmente en un tipo de ser más noble.

Así como la condición exterior presente del hombre –ya sea pobreza o riqueza, felicidad o miseria– es en gran medida el resultado de sus formas pasadas de pensar, del mismo modo las condiciones exteriores futuras serán el fruto directo de su forma futura de pensar.

«Tal como el hombre piensa en su corazón, así es él», lo cual no es sino otra manera de decir que el cuerpo del hombre es el resultado de su pensamiento, consciente o inconsciente. Su manera de hablar, su porte, su forma de andar, su cultura, su conducta, su influencia entre los hombres, su éxito o su fracaso, todo ello es la consecuencia natural de sus pensamientos.

¿Cómo, te preguntarás entonces, puede uno construirse a sí mismo? Del mismo modo que un sastre rehace un abrigo, un carpintero reforma una casa o un constructor naval rediseña un barco: cambiando el patrón o el diseño de la obra. Construimos nuestras vidas a partir de ideales, del mismo modo que el carpintero construye su casa a partir de planos. Si cambiamos nuestras ideas, nuestras concepciones de la vida, de sus privilegios y responsabilidades, nuestros pensamientos sobre nosotros mismos, nuestros ideales de carácter, y perseveramos en mantener esas nuevas ideas e ideales, desarrollaremos caracteres en armonía con ellos.

Todo aquello que deseemos manifestar en nuestra vida exterior, en expresión material, debemos primero construirlo en nuestra vida mental, en nuestros ideales, propósitos y nuestra voluntad.

Los acontecimientos, las circunstancias y los aparentes resultados del azar o del milagro en nuestra vida exterior están todos sometidos a la ley y, en realidad, son en su mayor parte materializaciones auténticas de formas que hemos construido en el ámbito del pensamiento.

La vida fluye como un río desde el «interior» hacia el «exterior», desde lo mental y espiritual hacia las expresiones físicas y materiales. Debemos, por tanto, crear la riqueza en la mente antes de hacer realidad su posesión en la vida.

Esto no es algo exclusivo del ámbito de la obtención de dinero, sino que se aplica a todas las actividades de la vida, como vemos cuando el arquitecto construye primero su casa en la mente antes de erigirla en el plano material; cuando el ingeniero traza mentalmente su túnel antes de perforar la montaña o de construir su ferrocarril subterráneo; cuando el magnate financiero elabora en silencio y en el secreto de su propia mente sus planes de conquista o expansión comercial antes de dar el primer paso hacia su realización exterior.

Trataremos esto con mayor profundidad en las páginas siguientes.

Por ahora basta con que el estudiante quede impresionado por el gran hecho de que las ideas y concepciones correctas, los planes y propósitos acertados, la visión clara de las oportunidades, un poder de creación mental sólidamente desarrollado, un valor inquebrantable, una voluntad adamantina y una perseverancia incansable se cuentan entre los requisitos esenciales para ganar dinero.

Permítaseme asegurar al estudiante de estas páginas que el mucho pensamiento, tiempo y esfuerzo dedicados a comprender con claridad estas verdades, a deshacerse de ideas e impresiones erróneas, a adquirir un punto de vista correcto sobre este asunto, así como una concepción justa del propio lugar en la naturaleza como señor y maestro de ella, una visión adecuada de la relación íntima y la conexión vital con la gran fuente de toda sabiduría, fuerza y bondad, de la cual puede extraer provisiones ilimitadas en todos los empeños honestos de la vida, no son tiempo perdido, sino que resultarán de un valor incalculable para vencer la pobreza y adquirir riqueza.

Estas consideraciones no son accesorias ni secundarias, sino vitales y fundamentales para el tema.

El estudiante debe, por lo tanto, realizar un examen minucioso de aquellas herramientas con las que está equipado mental y espiritualmente para la gran lucha en la que está a punto de entrar, en la conquista de las condiciones y limitaciones de la vida.

Luego debe alcanzar, mediante la reflexión, el estudio y la experiencia, un ideal claro y elevado del carácter al que aspira: el tipo de hombre en el que ha de convertirse si desea tener éxito en la carrera de la riqueza, en la batalla que habrá de librar para ascender desde las condiciones «encerradas, constreñidas y confinadas» de la pobreza hasta el goce y el poder de una gran fortuna.

Sin duda descubrirá en sí mismo cualidades mentales y rasgos de carácter no sólo inútiles, sino altamente perjudiciales para el éxito en la vida. Éstos deberá eliminarlos, por grande que sea el esfuerzo o prolongada la lucha.

Hallará también otras cualidades y disposiciones mentales esenciales para el éxito que brillan por su ausencia o sólo se manifiestan débilmente en su vida. Éstas son las que deberá desarrollar, nutrir y ejercitar hasta llevarlas a la fuerza y a la plenitud.

Así, la tarea de rehacerse a uno mismo es una labor triple: un diagnóstico exhaustivo de nuestras herramientas mentales, morales y espirituales para la batalla que tenemos por delante; la eliminación de ideas, características y hábitos indeseables; y el cultivo de los gérmenes aún no desarrollados de las cualidades mentales y espirituales indispensables para el éxito.

Esta triple preparación es tan racional y necesaria para quien busca la riqueza como lo es, para el atleta antes de una competición, el estudio cuidadoso de sus cualidades mentales, su dotación física y un entrenamiento riguroso; tan necesaria como la disciplina, la instrucción y el equipamiento del soldado antes de la guerra.

El hombre que se cree capacitado, sin esta triple disciplina mental, para lanzarse a las feroces competiciones y a las tremendas dificultades de la lucha por su parte de los bienes del mundo es tan necio como aquel que, sin entrenamiento, se enfrenta al atleta en la arena.

Nadie, salvo un necio, espera tener cosecha sin trabajo ni siembra. Sólo el necio espera resultados sin una causa adecuada. Las ideas correctas, una visión justa de la vida, las concepciones acertadas de las propias capacidades, ideales y propósitos rectos, el valor y la voluntad adecuados, así como la esperanza y el espíritu correctos, constituyen la causa suficiente del resultado que llamamos «éxito». Son la semilla fecunda de la cosecha que deseas recoger.

El estudiante no puede quedar demasiado impresionado por la necesidad de esta preparación mental y espiritual. En este proceso de construcción del carácter, el tiempo, el dinero, el esfuerzo y el celo están bien invertidos. Todo maestro que pueda darte una idea fecunda, todo libro que pueda brindarte una inspiración auténtica, todo ejercicio mental que fortalezca la voluntad, todo rayo de luz que te otorgue una visión más clara de los verdaderos ideales, serán de un valor incalculable para ti.

Desde luego, existen casos excepcionales en los que, por una desgracia o por la acción injusta de otros, la pobreza parece imponerse a un individuo, ya sea por circunstancias incontrolables de su propia vida o por la intervención ajena.

Sin embargo, en la inmensa mayoría de los casos, la pobreza material no es sino la consecuencia natural e inevitable de una pobreza previa, interior: una carencia en el ámbito del pensamiento, del razonamiento, de la emoción y de la voluntad. La pobreza mental es, a la vez, madre y padre de la pobreza de las condiciones materiales. Las circunstancias exteriores de la vida de un hombre no son otra cosa que el reflejo de su mundo mental.

Esta concepción ayudará al estudiante a decidirse a diagnosticar con profundidad el estado de su pensamiento y a llevar su maquinaria mental a un grado tal de eficacia que todo su carácter adopte una forma más noble, con el resultado natural de que sus condiciones exteriores acaben reflejando una mentalidad transformada.

## ELIMINAR IDEAS, IDEALES Y ESTADOS DE ÁNIMO ERRÓNEOS

Entre las nociones erróneas que a menudo es necesario extirpar de la mente se encuentra la idea –procedente de falsas enseñanzas religiosas– de que la posesión de una gran riqueza es incompatible con la verdadera vida espiritual.

Es cierto que el amor al dinero es raíz de muchos males y que quienes poseen grandes fortunas están expuestos a tentaciones inmensas, especialmente la de descuidar sus intereses espirituales. Pero conviene observar un hecho esencial: así como el dinero amado, adorado o acumulado por una avaricia mezquina constituye un grave mal y una fuente constante de tentaciones, la pobreza tiene también sus propios males y tentaciones específicas. Ninguna condición en la vida está libre de riesgos morales, y toda bendición, cuando se abusa de ella, puede transformarse en maldición.

Obsérvese, además, que el designio evidente de la naturaleza es la abundancia y no la carencia. Si afirmamos que Dios es autor de la beneficencia y de la plenitud, y que la ley de la naturaleza es manifiestamente la opulencia, resulta imposible sostener que la pobreza proceda de un designio divino. El fin hacia el que tiende la naturaleza es la abundancia para todos. Si hemos de buscar el origen de la pobreza, no podemos atribuirlo jamás a la voluntad de Dios.

La creencia de que la enfermedad, el sufrimiento y la pobreza están necesariamente ligados a una vida religiosa es una de las falsedades más persistentes difundidas en nombre de la fe. Dios es autor de la salud, de la felicidad, de la riqueza y de la sabiduría; la enfermedad, la miseria, la pobreza y la ignorancia son consecuencias de una condición humana no desarrollada o resultados directos del descuido personal. Ninguna vida sometida a la influencia debilitante de la pobreza puede manifestar la llamada «vida abundante»: una vida plena, armónica y benéfica, tal como la desea todo ser humano dotado de razón.

El demonio de la preocupación, junto con sus aliados, debe ser vencido si se pretende alcanzar esa paz interior y esa serenidad indispensables para pensar y trabajar con eficacia. La psicología moderna proclama sin ambages que nadie puede gozar de verdadera salud mientras sea víctima de la preocupación, la ira, los celos o el miedo. A estas emociones deben añadirse la indecisión, la timidez, la depresión y la falta de confianza en uno mismo: todas ellas fuerzas negativas que incapacitan gravemente al individuo para afrontar la lucha de la vida.

Estas emociones drenan la energía vital y reducen al hombre a una fracción de su verdadera fuerza. Las personas padecen, en realidad, un mayor desgaste por los males que temen y que nunca llegan a producirse que por aquellos que efectivamente se materializan.

En el funeral de un anciano se dijo que había tenido innumerables problemas a lo largo de su vida, la mayoría de los cuales jamás ocurrieron. ¡Qué infinita lástima que el tiempo y la energía que podrían dedicarse a grandes logros, tanto personales como colectivos, se desperdicien tan a menudo en la preocupación, el miedo o la envidia, y sólo para producir debilidad, sufrimiento y oportunidades perdidas que podían haber sido útiles!

El miedo ha sido llamado, con razón, «el gran espantajo de la humanidad». Magnifica a nuestros enemigos y empequeñece a nuestros amigos. Siempre está susurrando: «¡Hay un león en el camino!». Es el grito del siervo cobarde de Eliseo: «¡Ay, mi señor! ¿Qué haremos?». El miedo fija la mirada en los adversarios y en las dificultades y los hace grandes hasta convertirlos en monstruos. «Los temerosos y los incrédulos –dice la Escritura– caminan juntos hacia el mismo destino».

Todo el progreso de la humanidad, tanto en lo colectivo como en lo individual, no es sino un avance desde el dominio del miedo hacia el reino de la fe.

El miedo posee un extraño poder magnético, una facultad creadora del pensamiento que tiende a materializar en la vida exterior precisamente aquello que se teme. Actúa como un imán poderoso que atrae a la experiencia vital los objetos mismos del temor. «Aquello que temía –dijo el escritor sagrado–, eso fue lo que me sobrevino». La fe, por el contrario, responde con las palabras de Eliseo: «Los que están con nosotros son más que los que están contra nosotros». La fe percibe las huestes invisibles dispuestas a auxiliarnos en el momento de más necesidad.

## EL MODO DE EXPULSAR LA PREOCUPACIÓN, EL MIEDO, ETCÉTERA

En lugar de fijar el pensamiento en la preocupación, los miedos, las dudas y la irresolución –ese auténtico veneno mental del ser humano–, debemos olvidar deliberadamente su dominio pasado y concentrar todo el esfuerzo mental en cultivar sus antídotos: la paz, la confianza, la fe, la resolución y la valentía.

El poder expulsivo de una idea o de un afecto nuevo y contrario es reconocido por todos los psicólogos. Desde la perspectiva de la ciencia mental, no debemos permitir que la mente se detenga en cualidades o estados indeseables.

Piensa en la salud y no en la enfermedad; en el éxito y no en el fracaso; en la valentía y no en el miedo; en la fe y no en la duda; en el bien creciente que llega a tu vida y no en el mal.

Resulta especialmente necesario ampliar y fortalecer la fe, que no es un simple creer ni un asentimiento intelectual a determinadas afirmaciones, sino, como expresa Edward E. Beals, «el tranvía que uno utiliza para enfrentarse a las grandes fuerzas de la vida y de la naturaleza, y mediante el cual recibe el influjo del poder que está detrás de todas las cosas y en todas ellas, quedando capacitado para aplicar ese poder a la conducción de sus propios asuntos». La imagen es justa y poderosa. La fe es el vínculo vital que conecta el alma del hombre con su fuente infinita de provisión. Más aún: es el gran despertador de las fuerzas latentes del alma humana. Al enfermo le abre la fuente de las aguas curativas interiores e inunda toda su naturaleza espiritual de nueva vida y poder. Al débil le aporta fortaleza; al tímido, valentía; al desesperado, esperanza. La fe abre la visión interior del alma y revela las realidades del mundo espiritual, realidades que, una vez reconocidas y aguardadas con paciencia, poseen el extraño poder de materializarse en las condiciones de la vida exterior.

Debemos cultivar con diligencia la fe en nosotros mismos. Ningún hombre alcanza el verdadero éxito si está profundamente impresionado por su propia debilidad o inferioridad. Son los hombres confiados y esperanzados, aquellos que portan la vibración mental del «puedo y así lo haré», quienes vencen en la batalla de la vida.

Incluso si alguien lograra guardar para sí su pobre opinión sobre sí mismo, ya sólo con ello estaría limitándose en la obra de su vida. Pero el daño es mayor aún porque los pensamientos de miedo, por mucho que se intenten disimular en el lenguaje o en la conducta, crean alrededor de la persona una atmósfera de duda, timidez y temor que se irradia hacia las mentes de quienes entran en contacto con ella.

Los pensamientos y los estados de ánimo son contagiosos. Ningún hombre puede mantenerlos enteramente para sí. El clima de negatividad, duda e irresolución con el que muchos se rodean se infiltra en otras mentes y se convierte en una barrera constante para el éxito en cada etapa del camino.

Esta falta de confianza en uno mismo resulta, además, desastrosa para quien la padece, pues actúa como una helada que destruye el germen de los planes, los propósitos y las esperanzas, tan esenciales para el éxito. Deshazte, pues, te lo ruego, de todas las falsas nociones acerca de las limitaciones de tus propias capacidades. Aunque hasta ahora hayas desarrollado tus facultades sólo en un grado reducido, y aunque parezca existir una gran distancia entre tu vida y las «vidas de los grandes hombres», recuerda que no existe límite alguno para el grado en que tus poderes pueden desplegarse. Estás vitalmente conectado con el gran depósito de la sabiduría, el poder y la fuerza divina, y puedes extraer recursos de él a voluntad y en cualquier medida, pues «en Dios vivimos, nos movemos y existimos». Potencialmente, por tanto, posees en tu naturaleza más capacidad no desarrollada ni utilizada que la que todos los hombres de todas las épocas hayan manifestado jamás.

Cultiva también la fe en el poder que obra para la justicia, en la sabiduría y la ayuda angélicas, en una inteligencia superior, en el destino o en tu estrella guía, como lo han hecho las grandes almas que han sido líderes del mundo.

Cultiva asimismo una fe absoluta en las leyes del éxito financiero que ahora estás aprendiendo, y recuerda que el trono de Dios no es más estable, ni la revolución del Sol más segura, ni la ley de la gravitación más inmutable que la operación de estas leyes fijas del incremento financiero.

Con fe en ti mismo, en tus semejantes y en esta ley, mantén la cabeza erguida, afirma ante tu propia alma tu dominio sobre tus propias condiciones y, con la confianza del espíritu del «puedo y así lo haré», entra en la arena de batalla de la vida.

Helen Wilmans, de cuya notable trayectoria hablaremos más adelante, declara: «Me rehice por completo. De ser como un trapo sin fuerza, llegué a ser lo bastante positiva como para conquistar todo mi entorno».

Y en otro lugar afirma: «Llegué a ser como un dios y supe que ningún poder podía alzarse contra mí».

## RECLAMA PARA TI UN PODER Y UNA SABIDURÍA ILIMITADOS

Hasta que un hombre no alcanza a vislumbrar, aunque sea mínimamente, las profundidades de la naturaleza humana, no puede realizarse a sí mismo ni comprender las posibilidades de la vida. Mientras se mida con una vara estrecha y se imponga límites a sus propias fuerzas, limitará también sus logros y todas las expresiones de su existencia.

La verdadera visión es ésta: nadie puede medir la grandeza del hombre –es decir, tu grandeza– del mismo modo que nadie puede fijar un límite a la grandeza de Dios. El hombre, como hijo de Dios y partícipe de una progresión eterna, es al menos en germen un dios; y cuanto más nítida sea su percepción de esta verdad y más constante su reconocimiento, más rápidamente se manifestará lo divino en su carácter y en su vida. Todo hombre, y eso te incluye a ti, contiene, en estado germinal, no sólo los atributos de la grandeza humana –todo el talento, la capacidad y el genio expresados a lo largo de la historia–, sino también la plenitud de la divinidad. La raza humana es una familia de dioses.

Posees, por tanto, no un solo talento, sino la dotación humana completa. Posees genio, que no es otra cosa que energía concentrada y voluntad perseverante. Posees «todo poder», tal como Jesús declaró de sí mismo. Eres más que capaz de vencer. Mantén este pensamiento: es una fórmula de éxito.

**LECCIÓN 2**

# PRINCIPIOS DEL ÉXITO PERSONAL

## MANTÉN EL CUERPO Y LA MENTE EN PERFECTO ESTADO

Si la mente se debilita por la preocupación, los remordimientos estériles o los presentimientos inquietantes; si las fuerzas mentales se consumen en las vibraciones inarmónicas de la envidia, el odio, la desconfianza o la malicia; si el cuerpo se debilita por la violación de la ley natural, por los excesos o por la indulgencia desmedida del apetito y de la pasión; o si mente y cuerpo no mantienen una relación armónica conforme al plan de la naturaleza para su funcionamiento combinado, no puede esperarse el éxito. Quien no conquista su mundo interior no puede conquistar el mundo exterior. Quien no sabe gobernarse a sí mismo no puede gobernar las condiciones externas ni a otros hombres. La promesa es clara: «El que venciere heredará todas las cosas», pero también se ha dicho que una casa dividida contra sí misma no puede sostenerse.

En el estado óptimo de mente y cuerpo, y en su funcionamiento armónico conforme al plan de la naturaleza –que será expuesto a continuación–, se desarrolla la capacidad de superar dificultades, de imponerse a las condiciones heredadas, a los entornos desfavorables y a los obstáculos aparentemente insuperables, y de avanzar de manera constante hacia las cimas del éxito.

Esta fuerza, en continuo crecimiento, puede incorporarse a tu vida si conservas una mente libre y clara en un cuerpo sano y vigoroso, trabajando ambos en armonía con el plan divino de la naturaleza.

¿En qué consiste ese plan? Se revela en la disposición misma de los órganos del cerebro: aquellos que representan los apetitos y las pasiones se sitúan en la base; los que corresponden a los poderes intelectuales, más arriba y próximos a la coronilla; y los que expresan las facultades espirituales, en la parte superior de la cabeza. Esta organización indica que el cuerpo está sujeto a la mente, y que tanto la mente como el cuerpo deben estar subordinados a la naturaleza espiritual.

Conforme a este plan puedes organizar tu vida y asegurar la armonía; y la armonía significa paz y poder, sin los cuales nunca se conquista el mundo.

Una vida y un carácter edificados sobre cualquier otro fundamento serán discordantes, débiles y caóticos, pues la naturaleza espiritual jamás puede ocupar un lugar subordinado.

Éste es el plan de Dios para la organización de la vida. Haz, pues, que la mente sea positiva respecto al cuerpo; que la naturaleza espiritual gobierne todos los ámbitos de la existencia. Que la razón determine el uso del tiempo, del dinero y de la energía; el grado en que deben satisfacerse los apetitos; las horas destinadas al trabajo, al descanso y a la recreación; y que en todas las actividades de la vida fluya un propósito espiritual elevado: extraer de la vida lo mejor y más noble para ti mismo y realizar el mayor bien posible para la humanidad.

## EVITA TODO DESPILFARRO DE TIEMPO, DINERO Y ENERGÍA

Estrechamente ligado a lo anterior está el cuidado en la conservación de los recursos y de las oportunidades de la vida. Se ha dicho que «el tiempo es dinero», pero el tiempo es infinitamente más que dinero.

El tiempo bien empleado forja el carácter, y el carácter determina el destino; por ello, desperdiciar tiempo es una prodigalidad mucho mayor que malgastar dinero.

Que ningún lector me malinterprete: no soy partidario del trabajo incesante. El descanso, la recreación y el disfrute son tan necesarios como el alimento y el ejercicio, especialmente para quienes trabajan de verdad. Sin embargo, resulta lamentable comprobar que la mayor parte de la recreación y del entretenimiento no la buscan los trabajadores, sino los ociosos.

El buen juicio debe decidir cuándo la mente y el cuerpo necesitan renovarse; el tiempo y el dinero empleados con ese fin no se pierden, sino que se invierten con provecho.

Pero se desperdician innecesariamente enormes cantidades de tiempo y de dinero cuando ni la mente ni el cuerpo requieren tal sacrificio, y desde el punto de vista del perfeccionamiento personal resulta penoso constatar cuánta vida se dilapida. Las horas que hombres y muchachos gastan sin fruto, si se dedicaran al estudio o a la práctica, pronto se traducirían en mayor eficiencia laboral, mejores salarios, jornadas más breves y comodidad, cuando no prosperidad.

El dinero gastado en cigarrillos, bebidas ocasionales u otros gastos inútiles, si se ahorrara e invirtiera, proporcionaría en poco tiempo el capital necesario como base de una fortuna.

Y cuánta fuerza humana y cuánta energía magnética se desperdician en charlas ociosas, actividades sin sentido o indulgencias sensuales, cuando, de conservarse en lugar de disiparse, aportarían vigor a la acción, convicción y poder a la palabra, o encanto y fuerza persuasiva a la personalidad.

Miles de hombres acuden cada día a su trabajo privados de las fuerzas vitales y magnéticas indispensables para el éxito, porque no han tenido el valor moral ni la firmeza necesarios para gobernar el cuerpo y sus pasiones, y han terminado siendo gobernados por ellos. La indulgencia excesiva en este terreno ha arruinado las perspectivas de vida de más de uno.

La conservación de las fuerzas vitales y germinales del cuerpo humano aporta luz a la mirada, firmeza a la voz, poder magnético a la personalidad y esa cualidad indefinible, pero extraordinariamente eficaz, de abrirse camino hacia el favor y la buena disposición de los demás, de la que depende en tan gran medida el éxito.

Si deseas vencer, preséntate en los negocios, en la oficina, en las conferencias o en la asamblea pública rebosante de vitalidad, y los demás percibirán, sin que hagas nada especial, que entre ellos se ha presentado un rey.

## CULTIVA LA CLARIVIDENCIA EMPRESARIAL

Existe algo que bien puede llamarse «clarividencia empresarial». Para alcanzar el éxito un hombre debe desarrollar esta «visión interior» del alma, gracias a la cual es capaz de abrir las puertas de la oportunidad y descubrir los senderos que, a su alrededor, conducen al triunfo. Debe cultivar la alerta mental, una aguda capacidad de observación, el estudio atento de las condiciones presentes y futuras, y poner su imaginación al servicio de una planificación constructiva del éxito. En el silencio, el hombre debe dialogar consigo mismo, con su propia alma y con las circunstancias que lo rodean, para luego edificar mentalmente condiciones mejores y más altas para su futuro.

Multitudes apáticas atraviesan continentes enteros y, teniendo ojos para ver, no perciben las puertas abiertas a la riqueza: en la energía hidráulica desaprovechada, en el desierto que una corriente de agua podría transformar en paraíso, en el mineral aflorante capaz de convertirse en un floreciente El Dorado. Y teniendo oídos para oír, no escuchan las innumerables voces que reclaman el brazo fuerte del trabajo y la mente fecunda capaces de convertir el yermo en un jardín de rosas. Uno entre mil posee de manera natural esta clarividencia empresarial; los demás pueden desarrollarla mediante la atención, el cuidado y el estudio. Para quienes logran hallar la gran puerta de la oportunidad, todo lo demás se vuelve sencillo.

## EL ARTE DE LA AUTOSUGESTIÓN

Sin duda, uno de los descubrimientos más notables de la psicología contemporánea es el extraordinario poder de la sugestión en la formación del carácter y en el despertar de las facultades del alma. Se ha comprobado que nuestras vidas están gobernadas en gran medida por la sugestión, es decir, por las impresiones que penetran en la mente a través de lo que vemos, oímos y sentimos, o por la acción, directa o indirecta, de otras mentes. Esto es cierto para los hombres en general y en el estado ordinario de vigilia: están influidos y dirigidos por este medio en una medida mucho mayor de lo que a primera vista podría suponerse. Bajo la sugestión recibida del exterior, o transmitida por vía mental, los hombres realizan con frecuencia actos que no habían planeado y que, en algunos casos, jamás se habrían atrevido a intentar, con resultados a menudo sorprendentes tanto para ellos mismos como para los demás.

Bajo la sugestión, muchos han emprendido tareas que en circunstancias normales los habrían llenado de temor; han alcanzado en ocasiones un éxito extraordinario y han desarrollado, en esos intentos así inspirados, poderes de la mente y del cuerpo que ignoraban poseer, reuniendo para sí nuevas fuerzas y una renovada inspiración para su obra vital.

Si esto es cierto en relación con la sugestión recibida en el estado normal de actividad, se ha demostrado aún con mayor claridad que la sugestión impartida durante el sueño o en el estado hipnótico penetra mucho más profundamente en la naturaleza humana, influye con mayor intensidad en la vida y produce efectos sorprendentes, casi prodigiosos, al despertar las fuerzas latentes del alma. Los registros de los resultados obtenidos son tan notables que la sugestión puede considerarse, con justicia, la auténtica «lámpara de Aladino» de la psicología moderna.

Sus efectos no se limitan a un estado mental fortalecido y transformado, caracterizado por mayor valor, fe, audacia y capacidad, sino que se manifiestan también de manera prodigiosa en el cuerpo humano: en la curación de enfermedades, en la superación de la adicción al alcohol y al opio, y en la regeneración general del organismo. Los educadores de la Nueva Escuela y los estudiosos de la Nueva Psicología reconocen en la sugestión uno de los instrumentos más eficaces para la formación del carácter y la educación adecuada de los niños. Gracias a su poder, muchos padres están hoy moldeando, mediante sugestiones mentales dirigidas a sus hijos durante el sueño, un tipo humano más elevado, dotado de facultades mentales y físicas superiores a las de generaciones pasadas.

Aunque todo esto es cierto –y aunque muchos están curando silenciosamente a los enfermos y reformando a los viciosos mediante sugestiones apropiadas administradas durante el sueño–, no es de conocimiento general que una persona puede aplicarse a sí misma ese mismo poder maravilloso que se denomina autosugestión.

La gran mente subconsciente –que no es una segunda mente ni una entidad separada, sino un vasto reservorio de actividades mentales subjetivas que opera de manera continua y automática, que razona sólo de forma deductiva, que rige todas las funciones vitales (digestión, circulación, respiración, secreción, nutrición, etcétera) y que nos gobierna por completo durante el sueño y la hipnosis– es sensible a la sugestión procedente de la conciencia ordinaria de vigilia. Todo pensamiento habitual, toda experiencia de cualquier tipo, constituye una sugestión dirigida a esta mente subjetiva, que las recibe como una tolva recibe el grano y procede de inmediato a transformarlas en material para la construcción de la mente y en modelos para la reconstrucción del cuerpo. De este modo, estamos suministrando constantemente sugestiones y rehaciendo sin cesar mente y cuerpo conforme a las impresiones que impartimos.

Por lo tanto, si deseamos salud, vigor, solidez corporal, una mente fuerte, gran valentía, fe y fuerza de voluntad, debemos formular sugestiones en ese sentido, afirmándonos de manera constante la posesión de tales cualidades. Así, con absoluta certeza las veremos desarrollarse en el carácter y manifestarse con plenitud en la vida. Una idea fija de salud, felicidad y éxito, implantada en la mente mediante el poder de la autosugestión, vale más que una fortuna.

Por este medio debemos fijar, mediante un hábito persistente de autosugestión, la fe más firme posible en nuestras propias capacidades. El doctor Quackenbos, de la Universidad de Columbia, obtuvo resultados aparentemente milagrosos al desarrollar en pocos meses grandes aptitudes musicales y artísticas en niños y jóvenes mediante la sugestión: logros que en condiciones ordinarias habrían requerido años de entrenamiento, o que quizá nunca se habrían manifestado sin el poder singular de la sugestión para despertar facultades latentes del alma. Las sugestiones impartidas bajo hipnosis son aceptadas con una fe absoluta, y esa fe parece poseer un poder misterioso para sanar, inspirar y, de manera especial, despertar talentos que permanecían dormidos.

En general, los hombres pueden hacer aquello que creen que pueden hacer, y no pueden hacer aquello que creen que no pueden hacer.

Lo vemos en el muchacho hipnotizado al que se le dice que no puede cruzar una línea trazada en el suelo: lucha inútilmente por hacerlo, pues su creencia lo mantiene cautivo y anula por completo sus facultades físicas naturales. Por el contrario, es frecuente observar al joven hipnotizado que, bajo la sugestión de ser un gran orador, se levanta y pronuncia un discurso sorprendente, del todo imposible para él en estado normal; o al sujeto que, estimulado por la sugestión, realiza proezas físicas que jamás podría ejecutar en vigilia.

Nadie conoce los verdaderos fondos de reserva de la mente. Quien desee despertarlos debe cultivar a diario, mediante la autosugestión, una fe ilimitada en sí mismo.

## LECCIÓN 3

# MÉTODOS PRÁCTICOS PARA EL ÉXITO

## HAZ DEL MUNDO TU DEUDOR: EL CIELO TE LO RECOMPENSARÁ

No sabemos cuánta fe tiene quizá el estudiante lector en el universo invisible ni en la acción de inteligencias no visibles en la vida mortal. De todos modos, nos atreveremos a exponer la «ley del éxito financiero» tal como nos ha llegado desde fuentes muy antiguas y que muchos consideran de origen oculto.

Se afirma, en efecto, que esta enseñanza fue revelada en tiempos recientes por un célebre sabio hindú que vivió hace 4 000 años. Se presenta como la ley del incremento material contemplada desde la perspectiva de la vida espiritual, y queda expresada en el principio que encabeza este apartado: «Haz del mundo tu deudor».

Haz del mundo tu deudor sirviendo a la humanidad de todas las maneras posibles, pero especialmente en el plano más elevado del servicio: el espiritual. Haz que la deuda sea lo mayor posible. Haz todo el bien que puedas, siempre que puedas, dondequiera que puedas, de todas las maneras que puedas y a todo hombre.

La idea subyacente es que los ángeles encargados de administrar la providencia divina en el plano mortal y de velar por la humanidad aceptan como propios todos los actos de bondad realizados hacia los hombres, y se esfuerzan por recompensarlos no sólo con bienes espirituales, sino también con bienes temporales.

El pensamiento de esta benévola simpatía y de esta ayuda constante por parte de los ángeles de Dios debe aportar fortaleza y consuelo a todo aquel que trabaja honestamente por el bien de la humanidad.

## LAS GRANDES IDEAS Y LOS GRANDES PROYECTOS INTERESAN A LAS GRANDES MENTES

La mayoría de las vidas, como ya hemos señalado, son pobres y mezquinas en su expresión exterior y en sus condiciones porque los individuos son mentalmente pobres y están empobrecidos. Los pensamientos pequeños, los planes pequeños y los ideales pequeños generan poco interés, poco esfuerzo y escaso ardor en quien los alberga, y despiertan poco o ningún atractivo en las demás mentes. La diferencia radical entre el vendedor de palomitas de la esquina y el capitán de industria o el magnate financiero reside en el tamaño de sus ideas y de sus concepciones. Las «ideas de palomitas» producen una «vida de palomitas»; las grandes ideas, los grandes proyectos y las grandes empresas, en cambio, despiertan el alma del individuo a un celo, un esfuerzo, un valor y una audacia acordes con su magnitud.

A los grandes hombres no se los puede abordar con proyectos triviales. Su tiempo y su energía mental son demasiado valiosos para dilapidarlos con lo que no «vale la pena». Y si aceptamos la existencia de un universo espiritual superpuesto al nuestro, habitado por inteligencias encargadas de velar por la humanidad, resulta razonable pensar que las más elevadas de esas inteligencias no entrarán en alianza con ningún mortal que no esté comprometido con una obra digna de ese nombre.

Un hombre debería, por tanto, concebir de manera constante empresas cada vez mayores para sí mismo; debería poseer el valor y la audacia necesarios para lanzarse a nuevos proyectos, confiando en los poderes en desarrollo de su propia alma, en la gran ley de la evolución, en la ayuda angélica y en la «estrella del destino» para coronar sus esfuerzos con el éxito. Las grandes ideas y los grandes proyectos, cuando van acompañados de buen juicio, planes adecuados y un empeño proporcionado, engendran grandes hombres y grandes realizaciones.

## CULTIVA LA FUERZA DE VOLUNTAD

La voluntad es la facultad directriz del alma y, cuando se halla en armonía con la naturaleza, puede convertirse en un canal de energía personal y espiritual tan real como la fuerza de la gravitación o la electricidad.

Dirigida erróneamente, sin embargo, no puede por sí sola asegurar el éxito, pues la voluntad humana debe estar siempre subordinada a la voluntad divina y en consonancia con ella.

Algunos maestros y autores hablan como si el hombre, únicamente mediante la fuerza de su voluntad individual, pudiera anular las leyes de la naturaleza o frustrar la voluntad divina tal como se manifiesta en la ley universal. Nada más lejos de la verdad. Tal afirmación sería tan absurda como pretender que un hombre se elevara por encima de una montaña tirando de las correas de sus botas.

Pero cuando un hombre quiere la verdad y la justicia, o concibe un gran plan en armonía con el orden natural, su voluntad se funde con la voluntad universal y se convierte en un canal de las fuerzas divinas del universo.

No parece existir un límite real para el logro humano cuando éste se halla en consonancia con las leyes de la naturaleza y es perseguido sin vacilación por una voluntad firme e inconquistable.

En esta voluntad reside la base de todo poder personal; todos los caracteres grandes y exitosos la poseen en grado eminente.

Una voluntad fuerte es una fuerza ciclónica dentro de la naturaleza humana: crea una corriente de vibraciones hacia su poseedor, en torno al cual llegan los mismos objetos que se ha propuesto alcanzar. Opera conforme a la ley natural y, sin embargo, sus resultados parecen en ocasiones casi milagrosos.

El estudiante debe, mediante afirmaciones frecuentemente dirigidas a sí mismo en el santuario de su propia alma, fortalecer su voluntad y afirmar su capacidad para vencer toda dificultad.

Muchos han recomendado como afirmación constante esta sencilla fórmula: «Puedo y así lo haré».

> «La voluntad humana, esa fuerza invisible,
> hija de un alma inmortal,
> puede abrirse camino hacia cualquier meta,
> aunque se interpongan muros de granito».

Fue esta fuerza de voluntad, desarrollada en grado excepcional, la que transformó al pequeño corso en el más formidable jefe militar y conquistador que el mundo haya conocido: Napoleón Bonaparte. No consideraba nada imposible; afirmaba que la palabra «imposible» sólo figuraba en el diccionario de los necios y que, en cualquier caso, no era una palabra francesa. Cuando le dijeron que los Alpes se interponían en su marcha victoriosa hacia Italia, se limitó a decir: «No habrá Alpes», y de ahí nació el paso del Simplón.

## MANTÉN LOS OJOS ABIERTOS A LAS OPORTUNIDADES

Quien aspira a la riqueza debe mantener todas sus facultades mentales en estado de alerta para percibir «aperturas», «ocasiones» y «mareas favorables», y ser lo bastante fecundo en ideas y lo bastante audaz en valor como para aprovecharlas.

«A todo hombre y a toda nación –dice Shakespeare–, les llega alguna vez el momento de decidir. Hay una corriente en los asuntos de los hombres que, tomada en su plenitud, conduce a la fortuna».

El hombre debe estar preparado de antemano para esas puertas abiertas. Quien sirve a otro ha de estar siempre listo para un puesto superior. El que se limita a cumplir estrictamente con su cargo no se capacita para uno más alto.

Lee las vidas de aquellos que ascendieron desde el peldaño más bajo hasta la cima de la escalera, y encontrarás hombres que se prepararon con anticipación y que, mediante un servicio que iba más allá de lo exigido, labraron su propio ascenso.

Cuando la puerta se abre, entra. Cuando la oportunidad se cruza en tu camino, agárrala por el mechón de la frente, porque –como enseñaban los antiguos– es calva por detrás.

Y no olvides el lema español, tan certero como cruel: la mitad de las desgracias de la vida provienen de tirar del caballo cuando está saltando.

## RECUERDA: EL DINERO PROVIENE DEL HACER

El estudiante debe tener presente que, si se ha puesto gran énfasis en el pensar, sentir y querer correctos, y si se ha dedicado tanto esfuerzo a la psicología del tema, todo ello tiene un solo objetivo: la acción correcta en el momento oportuno. Nada puede sustituir a la labor paciente y perseverante; a las ideas expresadas en acción; al empeño, la voluntad, la fe y la energía traducidos en trabajo.

Helen Wilmans dice con absoluta verdad: «El dinero proviene del hacer».

## LAS IDEAS PRÁCTICAS DE WALLACE D. WATTLES

En un breve folleto titulado *How to Get What You Want,* Wallace D. Wattles[1] ofrece consejos especialmente valiosos sobre el arte de ganar dinero y, en general, sobre las leyes del éxito. A continuación, se resumen algunas de sus enseñanzas más prácticas y sustanciales.

La causa del éxito reside siempre en la persona que tiene éxito. Todas las mentes están formadas por los mismos elementos esenciales y poseen las mismas facultades fundamentales; la diferencia entre los hombres no está en la naturaleza de esas facultades, sino en el grado de su desarrollo. De ello se sigue que puedes triunfar si descubres la causa del éxito, la desarrollas con suficiente intensidad y la aplicas correctamente a tu trabajo.

Cualquier facultad puede desarrollarse hasta un grado prácticamente ilimitado. Por consiguiente, es posible adquirir el poder de éxito necesario para triunfar. Debes desarrollar, en particular, aquellas facultades que se utilizan en tu ocupación específica. Elige una actividad que requiera el empleo de tus ca-

1. Autor de famoso libro *La ciencia de hacerse rico. Un manual para alcanzar la riqueza y la prosperidad,* 14ª edición. Ediciones Obelisco, Rubí, 2025.

pacidades más fuertes y llévalas a su máximo desarrollo posible.

Sin embargo, el éxito no depende únicamente, ni siquiera principalmente, de la posesión de estas facultades especiales, que no son más que instrumentos. Depende, sobre todo, del poder que las utiliza.

A ese principio interior que permite a una persona emplear con eficacia sus facultades lo llamamos «conciencia activa de poder». Es equilibrio, y algo más que equilibrio; es fe, y algo más que fe. Es el estado interior que se experimenta cuando sabes que puedes hacer algo y sabes cómo hacerlo. Debes aprender a generar esta conciencia de poder, de modo que no sólo creas que puedes triunfar, sino que sepas que puedes hacerlo. Y ese conocimiento debe estar tan firmemente asentado en la mente subconsciente como en la mente consciente.

Muchas personas piensan de manera objetiva que pueden tener éxito, pero dudan de ello en lo profundo de su mente subconsciente. Esa duda subyacente basta para frustrar cualquier logro. La mente subconsciente debe quedar completamente impregnada de la convicción de que posees el poder, de que sabes cómo usarlo y de que, sin duda alguna, lo usarás.

Las afirmaciones repetidas durante un mes –especialmente antes de dormir– ayudan poderosamente a grabar en la mente subconsciente este conocimiento del éxito. Entre ellas pueden emplearse fórmulas como éstas:

«Puedo tener éxito», «soy exitoso», «lo que otros han hecho, yo puedo hacerlo», «puedo hacer lo que quiero hacer», «puedo tener lo que quiero tener».

Para obtener más, debes hacer el uso más constructivo posible de lo que ya posees. El progreso depende de la perfección con que utilices tus recursos actuales. La ardilla, saltando una y otra vez, acaba obteniendo alas por la ley de la evolución; pero nunca las tendrá si sólo salta a medias. Toda persona que hace perfectamente una cosa recibe de inmediato la oportunidad de hacer algo mayor.

La ley es ésta: cuando una organización, o una vida, posee más fuerza de la que puede expresar en un determinado plano, ese excedente la eleva al plano superior siguiente. Vive en el presente para el futuro, pero no vivas ahora en un futuro imaginado. Consigue más trabajo, más amigos y una posición mejor utilizando de manera constructiva lo que hoy tienes. Concentra todas tus energías creadoras en el uso pleno del presente. Haz de cada transacción y de cada experiencia –incluso de las adversas– un peldaño hacia formas más altas de realización.

Recuerda que es el excedente de vida y de capacidad en un nivel lo que, conforme a la ley de la evolución, prepara el acceso al siguiente. Gana amigos interesándote sinceramente por cada persona que encuentres. Cumple con perfección cada relación actual y prepárate, desde ahora, para el ascenso que, con toda certeza, llegará.

## CÓMO HELEN WILMANS VENCIÓ LA POBREZA

Las vidas de los grandes hombres y de las grandes mujeres nos recuerdan que podemos hacer sublimes nuestras propias vidas. Ninguna verdad expresada en palabras impresiona tanto como la verdad encarnada en una existencia vivida. La historia de Helen Wilmans es, para nuestra época, una auténtica Biblia llena de revelaciones: rebosa nuevo pensamiento, nueva teología y una inspiración profundamente vital.

La señora Wilmans afirma que el miedo se halla en la raíz misma de la pobreza: miedo a los demás y desconfianza de uno mismo. Dice: «He conocido la pobreza en toda su profundidad. Estuve sometida a la creencia en su poder durante la primera parte de mi vida; miraba a los demás como mis superiores y me sentía destinada a ocupar un lugar inferior; era acosada día y noche por la urgencia real de la necesidad».

«Entonces –continúa– mis facultades de razonamiento comenzaron a despertar, primero en el terreno religioso y luego en otros ámbitos, y mi mente rompió sus cadenas. Empecé a ver la luz. Me deshice de un centenar de creencias que se consideraban esenciales para la salvación. Poco a poco adquirí un grado de individualidad que me permitió sostenerme por mí misma».

La historia de su vida es conmovedora y profundamente instructiva. Esposa de un agricultor, con la granja hipotecada y finalmente vendida, empobrecida, con todas sus pertenencias reducidas a una sola maleta y sin dinero alguno, logra que la lleven hasta un pueblo situado a cinco millas de distancia. Desde allí, con diez dólares prestados –arrancados por pura fuerza mental a un zapatero– parte hacia San Francisco. Gasta su exiguo capital, ayuna durante tres días y, aun hambrienta, rechaza cualquier trabajo que no sea el que se ha propuesto: el periodismo. Finalmente lo consigue por seis dólares semanales; luego lo pierde y obtiene otro empleo.

Un día arroja la pluma y abandona la oficina, resuelta a no servir más a nadie. Permanece sola bajo la lluvia helada y la nieve de la calle, con un capital total de veinticinco centavos y su absoluta confianza en sí misma, y decide fundar su propio periódico. Regresa a la pensión, y la encargada, sorprendida por su regreso temprano, le pregunta:

—¿Te ha despedido el jefe?

—No –responde ella–. Yo he despedido al jefe.

—¿Tienes asegurados el pan y la mantequilla?

—Mi pan y mi mantequilla están asegurados.

—¿Cómo?

—Voy a fundar un periódico, y será un éxito antes de nacer. Escucha: te leeré mi primer artículo.

Le leyó entonces su artículo sobre el «Yo». El hombre escuchó aquel entusiasmo ardiente, aquellos tonos de clarín de libertad y audacia, hasta que su alma se inflamó y su rostro se iluminó. Finalmente exclamó:

—Apuesto por ti. Tengo 20 000 dólares en el banco. Puedes disponer de cada dólar si lo deseas.

Ella se negó, pero le pidió que esperara un poco antes de cobrar la pensión. Tres días después, cuando entraron los primeros siete dólares, bailaron de alegría alrededor de la mesa hasta que los platos cayeron y se rompieron. Luego llegaron más suscripciones, donaciones, reconocimiento, esperanzas más amplias, planes más audaces, valor y, finalmente, éxito.

Venció la pobreza venciendo el miedo, conociéndose a sí misma, confiando en sus propias fuerzas y atreviéndose a pronunciar la idea decisiva: «Puedo y así lo haré».

# PLANIFICACIÓN

Uno de los grandes secretos del éxito en la vida es la planificación anticipada del trabajo: cuidadosa, sabia y prudente. En ningún otro aspecto se advierte con tanta claridad la diferencia entre el hombre exitoso y el que no lo es como en la capacidad de prever el futuro, preparar y organizar sus planes para responder a sus exigencias, y dirigir su labor de tal modo que evite la pérdida de tiempo, dinero y energía, haciendo que todo su esfuerzo apunte directamente a la realización de su gran propósito vital.

Todos los grandes generales –César, Aníbal, Napoleón, Wellington, Grant– se distinguieron por su habilidad para trazar planes de campaña prácticos y eficaces. En innumerables batallas decisivas, la victoria se alcanzó no tanto por la superioridad numérica o material, sino por una planificación hábil, audaz y oportuna.

¿Cuál es el elemento esencial de una buena planificación? La respuesta es clara: el conocimiento. Pensemos en un general que se dispone a enfrentar al enemigo. ¿Qué necesita ante todo para elaborar su plan? Conocimiento. Debe conocer a fondo las fuerzas que se le oponen y las fuerzas de las que dispone; los puntos fuertes y débiles de ambos ejércitos; cada detalle del terreno en el que puede librarse la batalla. Cuanto más completo, preciso y realista sea su conocimiento, tanto mejor será su plan y mayores sus probabilidades de victoria.

Lo mismo ocurre con el arquitecto. Antes de construir, debe conocer la naturaleza del terreno, la calidad de los materiales, calcular los costes, prever el tiempo y las condiciones climáticas. En suma, debe edificar su obra primero en la mente antes de levantarla con piedra y mortero, del mismo modo que el general vencedor libra la batalla en el plano mental antes de enfrentar al enemigo.

Así también, todo joven que aspire a planificar su obra vital necesita, en primer lugar, conocimiento. Ante todo, debe conocerse a sí mismo en los planos físico, intelectual y moral: reconocer sus fuerzas y debilidades, sus gustos, inclinaciones y talentos particulares.

El siguiente requisito de una planificación eficaz es un plan que tenga en cuenta los grandes hechos y factores que intervienen en la vida. Cada joven debería estudiarse con seriedad, medir su capacidad, descubrir sus aptitudes y vocaciones, y luego trazar su proyecto vital del mismo modo que un general diseña su estrategia o un arquitecto concibe su edificio.

Sin embargo, una gran cantidad de jóvenes parece no haber formulado jamás planes, esquemas ni propósitos que vayan más allá del presente inmediato o del futuro más próximo.

No hace mucho escuché a un hombre notable explicar una de las razones principales de su éxito. Había ascendido, bajo circunstancias sumamente adversas, desde la ignorancia y la pobreza hasta una vasta cultura y una posición de honor y poder. Lo expresó en estos términos:

«Cuando, siendo un muchacho del campo, ingresé en la universidad durante mi adolescencia, tracé cuidadosamente por adelantado un plan de cinco años de estudios de Arte y cuatro años posteriores de Teología. Era pobre y tuve que ganar mi sustento durante las vacaciones, trabajar como redactor mientras cursaba mis estudios y soportar grandes desventajas en otros aspectos. Sin embargo, seguí fielmente mis planes durante nueve años sin desviarme del camino. Si he alcanzado el éxito en la vida, lo debo en gran medida a haber sabido planificar cuidadosamente mi trabajo y mantenerme leal a mis planes hasta llevarlos a término».

## EL APROVECHAMIENTO DE LAS DIFICULTADES

No hay prueba más clara del carácter que la manera en que un hombre enfrenta las dificultades. El cobarde las elude; el perezoso intenta rodearlas; el ocioso merodea ante ellas, esperando, como Micawber, a que algo suceda o a que algún milagro las haga desaparecer; el hombre-niño confía en que algún amigo lo eleve por encima de ellas. El hombre verdadero, en cambio, las vence.

Dos preguntas fundamentales se plantean ante todo joven: ¿cómo debemos pensar acerca de las dificultades? Y también: ¿cómo debemos tratarlas?

## 1. ¿Cómo debemos pensar acerca de las dificultades que encontramos en la vida?

Esta cuestión es de enorme importancia, pues de su correcta comprensión dependen en gran medida nuestra felicidad y nuestro éxito. Nunca debemos considerar las dificultades como desgracias. A menudo lo parecen, pero cuando se aprovechan correctamente, siempre figuran entre nuestras mayores bendiciones. Las dificultades ponen la mente en movimiento, desarrollan el ingenio creador, nos impulsan al esfuerzo, convocan nuestros recursos ocultos y los ejercitan para su crecimiento y expansión.

Para el joven, las dificultades son lo que el viento es para el roble joven: el método de la naturaleza para obligarnos a echar raíces más profundas y a desarrollar una fibra mental y moral más resistente. En ellas se esconden nuestras mayores oportunidades; se convierten en el estímulo y la inspiración de fuerzas aún no desarrolladas. Llaman a nuestras reservas de poder. Son instrumentos dispuestos por el Cielo para despertar a la vida activa las facultades adormecidas que llevamos dentro.

Un joven que encuentra muchas dificultades en su camino debería dar gracias a Dios y cobrar ánimo. Debería deletrear la palabra «dificultades», pero pronunciarla como «oportunidades».

## 2. ¿Cómo debemos tratar nuestras dificultades?

Ante todo, debemos enfrentarlas directamente. Muchas de las dificultades de la vida son más imaginarias que reales y se vuelven insignificantes en el momento en que se las mira con resolución. Estúdialas con el mismo cuidado con que estudiarías a un adversario en el campo de batalla cuando estás decidido a vencerlo. Aprende todo lo que puedas –tanto de amigos como de enemigos– acerca de los obstáculos que enfrentas. Recuerda que has nacido para conquistar y resuélvete a ser vencedor.

No debe haber evasión, ni quejas, ni espera pasiva, ni dependencia enfermiza e infantil de otros. Tu propia mano derecha, tu propio corazón firme y tu voluntad indomable bastan para obtener la victoria.

Acepta las dificultades como el atleta acepta su entrenamiento duro y exigente: con agrado. Recuerda que cada dificultad vencida trae consigo una fortaleza mayor.

Lee la historia de los grandes hombres del mundo y observa cómo superaron la pobreza, el prejuicio y la oposición; cómo triunfaron sobre la debilidad corporal, pues «de la debilidad fueron hechos fuertes»; cómo vencieron limitaciones mentales y morales, y se alzaron como gigantes en la contienda, vencedores de la batalla, hombres de los que el mundo no era digno precisamente porque supieron vencer las dificultades.

Vence tus dificultades y habrás vencido al mundo.

## LA AUTOAFIRMACIÓN COMO FACTOR DE ÉXITO

Más de un hombre bien educado, de porte distinguido y capacidad real fracasa en alcanzar una posición satisfactoria en la vida por carecer de autoafirmación. Posee una naturaleza retraída y aborrece la publicidad; la idea de ponerse en primer plano le resulta casi ofensiva, y así queda rezagado en la carrera frente a personas activas, agitadas y vigorosas que lo rodean, muchas de las cuales no poseen ni una décima parte de su capacidad ni de sus ventajas naturales.

Muchos jóvenes mantienen una concepción profundamente errónea de lo que significa una agresividad saludable. A menudo la confunden con jactancia ególatra, la desprecian como falta de modestia y la consideran signo de un alma vulgar. Creen maleducado causar una buena impresión respecto de su propia capacidad y rehúyen toda exposición pública, convencidos de que, si trabajan duro en silencio, el reconocimiento llegará por sí solo.

La realidad es otra. En esta época competitiva no basta con tener bien abastecidos los almacenes mentales con mercancía superior: también es necesario darla a conocer.

Un producto inferior, si está bien anunciado, suele venderse con rapidez; uno superior, sin visibilidad, puede no venderse jamás.

Nadie simpatiza con el joven fanfarrón, engreído y excesivamente confiado que recita sin cesar la lista de sus méritos y los impone a cualquiera que lo escuche. Ese tipo es tan poco atractivo como ineficaz. Pero tampoco progresa el extremo opuesto: el joven que, aun siendo consciente de su poder, se niega a afirmarlo. La actitud justa es la del que sabe lo que vale y se conduce con la serenidad de quien domina su oficio.

Cuando se le pregunta qué puede hacer, una persona que practica una modesta autoafirmación no responde con vacilaciones del tipo «creo que podría» o «quizá sea capaz», sembrando la duda tanto en su interlocutor como en sí misma. Sabe lo que puede hacer y lo afirma con una seguridad sobria que inspira convicción.

Éste es el tipo de autoafirmación, o confianza en uno mismo, que los jóvenes, hombres y mujeres, deben cultivar si desean alcanzar su verdadero valor. Está tan lejos de la vanidad superficial como el ejercicio consciente del poder lo está de la charlatanería.

Miles de jóvenes ocupan hoy puestos inferiores por un exceso de humildad o por el temor de parecer que van por delante. Muchos saben, en lo íntimo, que son más capaces que los supervisores o directivos que los gobiernan, y por ello se sienten insatisfechos y agraviados. Pero, en rigor, sólo a sí mismos pueden culparse. Han sido demasiado modestos para afirmarse o para asumir responsabilidades cuando la ocasión lo exigía, confiando en que su capacidad sería descubierta algún día. Ese día rara vez llega.

El joven con empuje y confianza, que busca responsabilidades y no rehúye el desafío, atrae la atención de quienes están por encima y es ascendido. El joven retraído, inhibido y silencioso, aunque más capaz, suele ser pasado por alto.

Sería deseable que el mérito se impusiera siempre por sí mismo. Pero el hecho es que son escasas las probabilidades de que un joven, por grande que sea su capacidad, logre abrirse camino si carece de una justa apreciación de sí mismo y de esa conciencia de poder que imprime carácter y abre las puertas del reconocimiento.

Es una lástima –y, sin embargo, cuán cierto es– que el mérito tímido que se esconde, trabaja en silencio y espera ser descubierto aguarde en vano. El mundo avanza con demasiada rapidez como para detenerse a buscar el potencial escondido. Todos debemos salir al encuentro del mundo.

No debemos engañarnos creyendo que vendrá a nosotros, por capaces o meritorios que seamos. Aunque la incapacidad real no puede sostenerse a largo plazo, incluso cuando se abre paso por métodos agresivos o por pura autocomplacencia, también es cierto que la capacidad retraída y negadora de sí misma rara vez alcanza el lugar que le corresponde. El éxito exige no sólo valor interior, sino también la valentía exterior de afirmarlo.

# ÍNDICE

Tras más de veinte años investigando científicamente a los hombres más ricos de su época, Napoleon Hill aprendió el secreto de la riqueza del famoso industrial y escritor Andrew Carnegie. Carnegie no sólo llegó a ser multimillonario sino que hizo millonarios a una multitud de personas a las que enseñó su sabiduría.

*Piense y hágase rico* es una obra diseñada a partir de una experiencia para conseguir el triunfo económico y personal de la humanidad entera. Gracias a este libro, la riqueza y la realización personal están al alcance de todas aquellas personas que lo deseen. No dejes el éxito en manos de unos pocos y lucha por tu trozo de pastel.

En este libro encontrará los principios fundamentales que necesita para triunfar en el terreno financiero y que le permitirán engrosar su bolsillo, aumentar su cuenta bancaria y asegurarse el éxito económico que todos anhelamos, aprendiendo a conservarlo y a hacerlo fructificar.

Aprovechando las reglas básicas de la economía surgidas en la antigua Babilonia, y que todavía hoy en día son reconocidas y aplicadas por miles de especialistas, el autor, George S. Clason, nos enseña las leyes que llevan al éxito económico a través de un lenguaje ameno, sencillo y asequible para todos, con un libro que se lee como una novela.